BEI GRIN MACHT SICH IHR WISSEN BEZAHLT

AF125069

- Wir veröffentlichen Ihre Hausarbeit, Bachelor- und Masterarbeit

- Ihr eigenes eBook und Buch - weltweit in allen wichtigen Shops

- Verdienen Sie an jedem Verkauf

Jetzt bei www.GRIN.com hochladen und kostenlos publizieren

Bibliografische Information der Deutschen Nationalbibliothek:

Die Deutsche Bibliothek verzeichnet diese Publikation in der Deutschen National-
bibliografie; detaillierte bibliografische Daten sind im Internet über http://dnb.d-
nb.de/ abrufbar.

Impressum:

Copyright © 2018 GRIN Verlag
Druck und Bindung: Books on Demand GmbH, Norderstedt Germany
ISBN: 9783668946910

Dieses Buch bei GRIN:

https://www.grin.com/document/463427

Anton Sulger

Strategische Planung einer Arztpraxis in der Stadt Erfurt

GRIN Verlag

GRIN - Your knowledge has value

Der GRIN Verlag publiziert seit 1998 wissenschaftliche Arbeiten von Studenten, Hochschullehrern und anderen Akademikern als eBook und gedrucktes Buch. Die Verlagswebsite www.grin.com ist die ideale Plattform zur Veröffentlichung von Hausarbeiten, Abschlussarbeiten, wissenschaftlichen Aufsätzen, Dissertationen und Fachbüchern.

Besuchen Sie uns im Internet:

http://www.grin.com/

http://www.facebook.com/grincom

http://www.twitter.com/grin_com

Deutsche Hochschule für

Prävention und Gesundheitsmanagement

Hermann Neuberger Sportschule 3

66123 Saarbrücken

Hausarbeit (kollektive Prüfungsleistung)

Name, Vorname	Sulger, Anton
Studiengang	Master of Arts Gesundheitsmanagement
Studienort	Saarbrücken
Gruppe bzw. zu bearbeitende Stadt	Erfurt
Unternehmenstyp*	Arztpraxis

Inhaltsverzeichnis

1 Darstellung der Ausgangssituation

1.1 Wahl des Standorts

Zur Auswahl des Standorts der Arztpraxis wird der Stadtteil ausgewählt, in welchem prozentual am meisten Privatversicherte ansässig sind, da beim derzeitigen Gesundheitssystem diese Zielgruppe am profitabelsten erscheint.

Zur Ermittlung dieses Stadtteils werden alle Stadtteile zunächst im Hinblick auf den Anteil der sozialversicherungspflichtig Beschäftigten aufgeschlüsselt. Dahinter steht die Überlegung, dass in Deutschland aufgrund der Versicherungspflicht ein geringer Anteil an sozialversicherungspflichtig Beschäftigten entweder auf eine hohe Arbeitslosenquote oder auf eine hohe Quote von Privatversicherten hindeutet.

Einen besonders niedrigen Anteil weisen laut Daten von Erfurter Stadtverwaltung (2012, 1) die Altstadt sowie der Berliner Platz, Rieth, der Rote Berg, Dittelstedt, Rhoda (Haarberg) und Wallichen auf (siehe Anhang 1).

Um nun diejenigen Stadtteile herauszufiltern, in welchen der niedrige Anteil an Sozialversicherungspflichtigen auf eine hohe Arbeitslosenquote zurückzuführen ist, wurden die o.g Stadtteile im Hinblick auf die Arbeitslosenquote betrachtet.

Laut Daten der Erfurter Stadtverwaltung (2012a) sind in Erfurt hauptsächlich drei verschiedene Siedlungsstrukturtypen anzutreffen: dörfliche, Plattenbau und städtische, wobei die dörflichen Strukturen mit ca. 3% den geringsten Anteil an Arbeitslosen aufweisen, im Plattenbau sind ca. 11% arbeitslos und in den städtischen Strukturen sind es ca. 6% (siehe Anhang 2).

Laut einer Karte der Erfurter Stadtverwaltung (2012b siehe Anhang 3) fallen von den o.g. Stadtteilen die Stadtteile Berliner Platz, Rieht und der Rote Berg weg, da hier vorwiegend Plattenbau vorliegt. Die Altstadt gehört den städtischen Strukturen an, während Dittelstedt, Rhoda (Haarberg) und Wallichen als dörfliche Strukturen vermerkt sind und somit die erfolgsversprechenden Stadtteile darstellen. Da jedoch das Einzugsgebiet sich meist über mehrere Stadtteile erstreckt, werden auch die anliegenden Stadtteile betrachtet. Hierbei scheidet Dittelstedt aus, da laut Stadtverwaltung (2012b) dieser direkt an einen Stadtteil mit Plattenbauten und folglich hoher Arbeitslosenquote angrenzt.

Werden nun die Einwohnerzahlen der überbleibenden Stadtteile laut Stadtverwaltung (2017) betrachtet, so kann festgestellt werden, dass in der Altstadt mit 19.359 Einwohnern am meisten potenzielle Kunden vorhanden sind. Am zweitmeisten sind es in Rhoda (Haarberg) mit 242 und zu guter Letzt in Wallichen mit 161 Einwohnern. Da in der Altstadt mit Abstand am meisten potenzielle Kunden vorhanden sind, fällt die Wahl auf diesen Stadtteil.

Dieser Standort bietet sich an, da - wie in Abbildung 5 zu sehen - in unmittelbarer Nähe die Bahnhaltestelle Erfurt, Bühler Garten ist. Außerdem befinden sich einige schulische Einrichtungen in der Nähe, in welchen meist Beamte mit privaten Krankenversicherungen tätig sind. Anhang 4 zeigt die Mitbewerber in unmittelbarer Nähe: hierunter sind Psychologen, Familienärzte, Hausärzte *etc.*

1.2 Beschreibung des Unternehmenstyps

Der betrachtete Unternehmenstyp ist eine Arztpraxis. Um den besten Service für Privatpatienten zu gewährleisten, soll eine Gemeinschaftspraxis mit mindestens zwei Ärzten gegründet werden. Ein Arzt ist immer für Kassenpatienten zuständig, während der andere allein für die Privatpatienten zuständig ist. So wird gewährleistet, dass die Privatpatienten nicht lange auf Termine warten müssen und auch in Akutfällen nicht lange warten müssen.

Um eine Kooperation mit anderen Arztpraxen zu ermöglichen, gleichzeitig einen Wettkampf zu vermeiden und aufgrund persönlicher Vorkenntnisse bewegt sich das Unternehmen in dem Fachgebiet der Hals-Nasen-Ohrenheilkunde (HNO).

Im Zentrum der angebotenen Dienstleitungen stehen Otoneurologie, Allergologie, Somnologie Stimm- und Sprachstörungen sowie ambulante Operationen.

Dies ist das gewöhnliche Untersuchungsspektrum, welches eine HNO-Praxis anbietet.

2 Strategische Zielplanung

2.1 Unternehmerische Vision/Mission/Grundwerte

2.1.1 Vision
„Wir wollen die Praxis der ersten Wahl für Privatpatienten in Erfurt sein."

2.1.2 Mission
„Bestmöglichen Service für Privatpatienten anbieten."

2.1.3 Grundwerte
- Pünktlichkeit (kurze Wartezeit für Privatpatienten)

- Adäquate Behandlung für Privatpatienten (keine überflüssigen Behandlungen bei Privatpatienten)
- Beste Betreuung für Privatpatienten (schnelle Termine, separates Wartezimmer, Freundlichkeit und Fachkenntnis)
- Hohe Standards (Einrichtung, Hygiene und Geräte)

2.1.4 Begründung

Die Praxis ist auf Privatpatienten ausgerichtet, da diese Zielgruppe im derzeitigen Gesundheitssystem am wirtschaftlichsten erscheint. Um sich von anderen Praxen abzuheben, muss ein besonderes Augenmerk auf den Komfort gelegt werden. Die Praxis soll auf ihrem Gebiet qualitätsführend sein. Die Nachfrage bei den Patienten entsteht von alleine, da bei diesem Unternehmenstyp eine Problemlösung angeboten wird. Wenn jemand krank ist, hat der Betroffene keine andere Wahl als zum Arzt zu gehen. Die Vision, Mission und Grundwerte sind auch konsistent mit dem ausgewählten Standort, da auch dieser darauf abzielt, möglichst viele Privatpatienten zu akquirieren.

2.2 Strategische Zielplanung

2.2.1 Ziel 1

Inhalt: Erzielen einer guten Bewertung der Hygiene in einem hauseigenen Fragebogen für Privatpatienten

Ausmaß: mindestens 4,5 Sterne

Zeit: 3 Jahre

2.2.2 Ziel 2

Inhalt: geringe durchschnittliche Wartezeit für Privatpatienten

Ausmaß: höchstens 15 Minuten

Zeit: 3 Jahre

2.2.3 Ziel 3

Inhalt: geringe durchschnittliche Wartezeit auf Termine für Privatpatienten in Akutfällen

Ausmaß: höchstens einen Werktag

Zeit: 3 Jahre

2.2.4 Ziel 4

Inhalt: Erzielen einer guten Bewertung der Personalfreundlichkeit im hauseigenen Fragebogen für Privatpatienten

Ausmaß: mindestens 4,5 Sterne

Zeit: 3 Jahre

2.3 Branchenvergleich

Im regionalen Vergleich grenzt sich die Arztpraxis vor allem durch die Fachrichtung von anderen Praxen ab. Aus Anhang 7 wird erkenntlich, dass im näheren Umfeld der Praxis sieben weitere HNO-Praxen ansässig sind. Hiervon ist eine Praxis eigens für ästhetisch-plastische Operationen im Hals-Kopf-Bereich zuständig, wodurch sie keine Konkurrenz, sondern einen möglichen Kooperationspartner darstellt. Eine andere Gemeinschaftspraxis in der Nähe des Unternehmens ist als direkte Konkurrenz anzusehen. Auf ihrer Website schreiben Fr. Dr. Weisflog und Fr. Dr. Krause (o. J.) lediglich, dass sie lange Wartezeiten vermeiden wollen, für Rollstuhlfahrer barrierefrei zu erreichen sind, Konsiliarärzte in einem ortsansässigen Krankenhaus sind und in medizinisch begründeten Fällen auch Hausbesuche durchführen. In der Arztpraxis, welche in dieser Arbeit beschrieben wird, ist auch ein Fokus auf die Wartezeit gelegt. Jedoch gilt dieser in erster Linie für Privatpatienten, wodurch sie sich von der Gemeinschaftspraxis von Dr. Weisflog und Dr. Krause abhebt. Außerdem wird versucht, sich von anderen privatärztlichen Praxen dadurch abzuheben, dass wirklich nur notwendige Messungen durchgeführt werden. Denn dies ist heutzutage selten der Fall. Das Alleinstellungsmerkmal ist somit der hohe Komfort für Privatversicherte in Erfurt.

3 Strategische Analyse und Prognose

3.1 Branchenstrukturanalyse

Die Branchenstrukturanalyse erfolgt mittels dem Five-Forces Modell nach Porter. Hierfür wurde die Branchenstrukturanalyse in mehrere Abschnitte unterteilt, welche den Five-Forces entsprechen.

3.1.1 Verhandlungsstärke der Lieferanten

Die Verhandlungsstärke der Lieferanten für eine HNO-Arztpraxis ist gering, da es auf dem Markt reichlich Anbieter für Medizinprodukte wie zum Beispiel Apotheken (siehe Anhang 6) oder Softwarefirmen (laut Kassenärztlicher Bundesvereinigung, 2018 über 100 Anbieter) gibt. Hat ein anderer Lieferant nicht dasselbe Produkt, so sind doch meist Substitute vorhanden, welche denselben Zweck erfüllen. Auch zum Wechsel des Lieferanten gibt es keine Barrieren. Die Arztpraxis kann sich somit aussuchen, wo sie bestellt und kann so den Lieferanten unter Druck setzen.

3.1.2 Verhandlungsstärke der Kunden

Die Verhandlungsstärke der Kunden ist mittelmäßig. Die Patienten leiden an einem gesundheitlichen Problem und haben dementsprechend in den meisten Fällen keine andere Wahl als zum Arzt zu gehen.

Auch im Punkto Kosten haben die Kunden keine Verhandlungsstärke, da die Finanzierung größtenteils über die Krankenversicherungen erfolgt und für die Behandlungen Einheitspreise festgelegt sind. Allerdings gibt es genügend andere HNO-Praxen (siehe Anhang 7) auf dem Markt in Erfurt, an welche Kunden verloren gehen können, wenn ihnen der Service nicht zusagt.

3.1.3 Bedrohung potenzieller Konkurrenten

Die Bedrohung durch neue Wettbewerber ist mittelmäßig. Eine neue HNO-Arztpraxis zu eröffnen ist teuer, da die medizinischen Gerätschaften sehr teuer sind. Auch muss der Arzt sich erst einen Namen machen, bevor die Patienten auf ihn aufmerksam werden und ihm vertrauen. Dies wird jedoch heutzutage durch das Internet und sozialen Netzwerken immer leichter, da Bewertungen leichter abgegeben und eingesehen werden können.

3.1.4 Bedrohung durch Substitute

Die Bedrohung durch Substitute ist gering. Es gibt zwar Substitute wie zum Beispiel Online-Portale, mittels welcher versucht wird, Ferndiagnosen zu stellen (was nur sehr begrenzt möglich ist) oder Apotheken/Medikamente, welche akute Erkrankungen unterdrücken oder bekämpfen. Die Patienten enden aber in schwerwiegenden Fällen meistens beim Arzt, da dies mit Abstand die zuverlässigste und sicherste Möglichkeit ist, die Gesundheit zu erhalten. Außerdem müssen viele Medikamente ohnehin zuerst vom Arzt verschrieben werden, bevor sie von der Apotheke ausgehändigt werden dürfen.

3.1.5 Wettbewerbsrivalität

Die Wettbewerbsrivalität ist hoch, da es auf dem Markt zahlreiche andere Arztpraxen - darunter auch HNO-Arztpraxen - gibt, welche nahezu identische Dienstleistungen anbieten. Hinzu kommt, dass ein Marktaustritt fast unmöglich ist, da eine Umschulung der der Ärzte auf andere Fachgebiete sowie die Anschaffung anderer Geräte sehr aufwendig und kostspielig ist. Hier muss versucht werden, sich über die Strategie von anderen Praxen abzugrenzen. In diesem Fall geschieht dies durch die Fokussierung auf Privatpatienten. In der Innenstadt von Erfurt gibt es lediglich neun Privatpraxen, welche auf einem anderen Fachgebiet agieren als die hier beschriebene HNO-Praxis. Die genaue Lage und Fachrichtung der Praxen ist in Anhang 8 abgebildet.

3.2 SWOT-Analyse

3.2.1 Unternehmensanalyse

Zur Unternehmensanalyse wird die zu gründende HNO-Praxis mit ihrem stärksten Mitbewerber verglichen. Zur Ermittlung des stärksten Mitbewerbers wurden die Google Bewertungen der HNO-Praxen in Erfurt Altstadt miteinander verglichen und diejenige herausgenommen, welche die höchste Bewertung (5 Sterne) bei der größten Anzahl an Bewertungen hat. Vorliegend ist dies laut Google (2018d) die Praxis von Dr. Martin Hesse am Juri-Gagarin-Ring 94. Laut dem Deutschen Berufsverband der Hals-Nasen-Ohrenärzte e.V. verfügt die Praxis von Dr. Martin Hesse über drei medizinische Fachangestellte und einen Facharzt für Hals-Nasen-Ohrenheilkunde, welcher einen „Dr. med." Titel trägt. Sie bietet das gesamte Spektrum der Hals-Nasen-Ohrenheilkunde an (Otoneurologie, Allergologie, Stimm- und Sprachstörungen und ambulante sowie stationäre Operationen), ist jedoch speziell auf Stimm- und Sprachstörungen spezialisiert. Sie liegt in der Nähe des Erfurter Hauptbahnhofs und ist somit auch gut mit öffentlichen Verkehrsmitteln zu erreichen (Google 2018b). Über Umsatzstruktur und Finanzkraft ist leider nichts bekannt. Da sich die geplante Praxis ihre Einrichtung und Geräte zu einem späteren Zeitpunkt beschafft, ist davon auszugehen, dass diese auch moderner ist als in älteren Praxen. Aus den o.g. Ausführungen lassen sich für die angehende HNO-Praxis folgende Stärken und Schwächen ableiten:

Stärken:

- Moderne Einrichtung und Geräte
- Fokussierung auf Privatpatienten
- Anzahl der Ärzte
- Anzahl der Mitarbeiter

Schwächen:

- Bekanntheit
- Beliebtheit
- Erreichbarkeit

3.2.2 Umweltanalyse

Zur Analyse der Unternehmensumwelt werden die Marktattraktivität sowie mögliche zukünftige Entwicklungen beurteilt.

Durch den demographischen Wandel wird es in Zukunft immer mehr Menschen über 60 Jahren in Deutschland geben. Folglich steigt auch die Morbidität und es werden mehr Behandlungen von Nöten sein (Dahm & Gatermann, 2001).

Wie in Anhang 5 erkennbar ist, befinden sich viele Bildungseinrichtungen in unmittelbarer Nähe der Praxis. Hier sind hauptsächliche Beamte mit privaten Krankenversicherungen tätig, und genau diese gilt es zu erreichen. Da die Facharztpraxis zu Beginn relativ unbekannt sein wird, ist es wichtig, sich mit anderen Arztpraxen und Apotheken zu vernetzen.

Aufgrund der heutigen Digitalisierung ist es für neue Praxen leicht, Fuß zu fassen, wenn sie sich im Internet gut darstellen. Auch eine gute Zeitplanung kann schnell für einen guten Ruf und hohe Kundenzufriedenheit sorgen. Die Honorare der niedergelassenen Ärzte sind in den letzten Jahren stark zurückgegangen (Dahm & Gatermann, 2001). Laut Daten der Krankenkassenzentrale (2018) ist es sehr gut möglich, dass innerhalb der nächsten Jahre das Gesundheitssystem umgekrempelt wird, was einen sehr großen Effekt auf die Praxis haben kann.

Fakt ist, dass in den letzten Jahren ein Niederlassungsboom von Ärzten aufgetreten ist (Dahm & Gatermann, 2001). Natürlich stellt auch der Markteintritt neuer, stärkerer Konkurrenten ein potenzielles Risiko dar.

Hieraus leiten sich die folgenden Chancen und Risiken ab:

Chancen:

- Viele Schulen in der Nähe
- Moderner Auftritt im Internet
- Networking mit anderen Arztpraxen, Apotheken etc.
- Gute Zeitplanung
- Demographischer Wandel

Risiken:

- Abschaffung von privaten Krankenversicherungen
- Einstieg neuer Konkurrenten
- Mangelndes Ärztehonorar

3.2.3 SWOT-Matrix

Die SWOT-Matrix wird im Folgenden tabellarisch dargestellt.

Tabelle 1: SWOT-Matrix (eigene Darstellung)

	Chancen	Risiken
Stärken	• Es sollen gezielt Privatpatienten aus den umliegenden Bildungseinrichtungen abgeschöpft werden. • Durch die hohe Anzahl an qualifizierten Mitarbeitern soll ein reibungsloser zeitlicher Ablauf ermöglicht werden, was wiederum einen starken Einfluss auf die Kundenzufriedenheit hat.	• Durch die Fokussierung auf Privatpatienten soll dem mangelnden Ärztehonorar entgegengewirkt werden. • Durch genug geschultes Personal und die moderne Einrichtung sollen potenzielle Konkurrenten schon im Vorfeld minimiert werden.
Schwächen	• Durch einen guten Auftritt im Internet können schnell Beliebtheit und Bekanntheit erreicht werden. • Auch durch Networking mit anderen Ärzten oder Apotheken kann die Bekanntheit und Beliebtheit schnell gesteigert werden.	• Es muss die Bekanntheit und Beliebtheit durch Networking und Medienpräsenz gesteigert werden, um im Falle der Abschaffung der privaten Krankenversicherungen nicht leer auszugehen. • Auch muss den potenziellen Konkurrenten durch einen treuen, großen und zufriedenen Kundenstamm entgegengewirkt werden.

3.3 Zielplanung

Ziel zwei und Ziel drei dienen dem Komfort für Privatpatienten und spielen somit in die Stärken-Risiken-Strategie mit ein, dem mangelnden Ärztehonorar entgegenzuwirken.

Ziel eins und Ziel vier zielen auf eine gute Bewertung im Internet ab, was gerade bei Neueröffnung einer Praxis sehr wichtig ist, um bekannt zu werden. Diese Ziele können als Meilensteine der Schwächen-Chancen- sowie der Schwächen-Risiken-Strategie gesehen werden.

Durch die vier formulierten Ziele kommt die Praxis den o.g. Strategieansätzen näher. Alle Ziele sind realistisch und erreichbar, deshalb wird keine Anpassung der Ziele vorgenommen.

4 Strategieformulierung

4.1 Strategieformulierung

4.1.1 Unternehmensebene

Auf Unternehmensebene wird die Arztpraxis zunächst eine Wachstumsstrategie verfolgen, da sie komplett neu am Markt ist und daher vorerst einen Kundenstamm aufbauen muss, um Marktanteile zu gewinnen und ihre Wettbewerbsposition zu verbessern.

Da die zu verkaufende Dienstleistung sowie der Markt kein Neuland in Erfurt sind, wird ferner die Marktdurchdringungsstrategie nach Ansoff verfolgt. Diese zielt vor allem auf die Erhöhung des Marktanteils ab.

4.1.2 Geschäftsbereichsebene

Aufgrund der beschränkten Möglichkeiten einer Arztpraxis im Preissegment eine Führerschaft zu erlangen, wird die Arztpraxis auf Geschäftsbereichsebene versuchen, die Qualitätsführerschaft zu übernehmen, um durch gute Bewertungen ein gutes Image zu schaffen und letzten Endes Marktführer zu werden. Diese Wettbewerbsstrategie zielt vor allem auf Privatpatienten ab, da für diese die Qualität der Dienstleistung meist im Vordergrund steht. Die Strategie geht mit der Vision sowie den o.g Zielen einher.

4.2 Blue Ocean-Strategie

Laut IHK (2018) müssen zum Betreten eines „Blauen Ozeans":

- Nicht-Kunden zu Kunden gemacht werden
- Konkurrenten irrelevant gemacht werden
- Neue Geschäftsfelder geschaffen werden
- Höhere Kundennutzen und niedrigere Kosten erzielt werden

Ersteres gestaltet sich in der Arztbranche schwierig, da Kunden in der Regel an einem Gesundheitsproblem leiden, wodurch das Bedürfnis nach der Dienstleistung geweckt wird. Der größte Teil der Nicht-Kunden leidet nicht an Gesundheitsproblemen und verspürt deshalb auch kein Bedürfnis, einen Arzt aufzusuchen.

Wodurch können diese Nicht-Kunden als Kunden gewonnen werden?

Ein möglicher Weg ist eine Arztpraxis für Prävention, in welcher gesunden Menschen Wege vermittelt werden, die dazu führen, dass die Betroffenen so wenig wie möglich erkranken. Denn wer nicht das Bedürfnis hat, gesund zu werden, will meistens gesund bleiben. Da dieses Bedürfnis meist nicht so akut und dringlich ist, müsste das Unternehmen sehr stark auf Öffentlichkeitsarbeit und Werbung (im Gesetzlichen Rahmen) setzen.

Durch dieses Konzept werden gleichzeitig die Konkurrenten irrelevant gemacht, da erstens der Marktanteil der Nicht-Kunden - folglich Menschen ohne Gesundheitsproblemen - so groß ist, dass der eine Mitbewerber in Erfurt (Google, 2018f) diesen kaum beeinflussen kann.

Das Gebiet der Präventionsmedizin stellt ein eigenständiges neues Geschäftsfeld dar, womit auch der dritte Punkt abgedeckt ist.

Es werden weniger medizinische Untersuchungseinheiten und Messgeräte sowie Personal benötigt, wodurch die Kosten sehr stark reduziert werden.

Auch ein höherer Kundennutzen wird erzielt: Die Kunden werden davor beschützt, krank zu werden, wovon zum Beispiel auch die Arbeitsunfähigkeitstage der Kunden betroffen sein können.

Die IHK (2018) gibt noch die Hilfestellung, dass durch:

- Eliminieren von Branchenstandards
- Reduzieren von Branchenstandards
- Steigern von Marktsegmenten
- Kreieren neuer Märkte

ein „Blauer Ozean" geschaffen werden kann. In diesem Fall wurden die Branchenstandards bis zur Eliminierung reduziert, indem durch das Steigern des Marktsegmentes Prävention, welches von bisherigen Arztpraxen kaum genutzt wird, ein neuer Markt kreiert wurde.

5 Personalmanagement

5.1 Führungsverhalten

Zunächst wird von der Führungskraft erwartet, dass sie im Stande ist, alle 5 Führungsaufgaben nach Malik:

1. Für attraktive Ziele sorgen

2. Reibungsfreie Strukturen aufbauen

3. Entscheidungen treffen und umsetzen

4. Kontrollieren und Feedback geben

5. Menschen (weiter)entwickeln

zu bewältigen, da so eine effiziente und nachhaltig gute Führung gewährleistet ist.

Außerdem sollte die Führungskraft gut mit Emotionen umgehen können (sowohl mit den eigenen als auch mit denen der Mitarbeiter). Dieser Punkt ist vor allem wichtig, um die Mitarbeiter zu beeinflussen und so zu motivieren, dass alle an einem Strang ziehen, was letzten Endes auch zur Arbeitszufriedenheit der Mitarbeiter beiträgt.

Der Führungsstil der Führungskraft sollte hierbei in normalen Alltagssituationen kooperativer Natur sein. Durch die Einbeziehung der Mitarbeiter in den Entscheidungsprozess können zum einen neue Möglichkeiten und Erkenntnisse durch die Mitarbeiter erlangt werden, die zum Beispiel bei einem direktiven Führungsstil gar nicht erst gehört werden. Zum anderen spielt hier die Motivation wieder eine Rolle. Die Mitarbeiter werden viel motivierter arbeiten, wenn sie den Sinn und Zweck in ihrer Arbeit erkennen und selbst auch davon profitieren. Dies kann nicht dadurch erreicht werden, indem ihnen einfach nur der einzelne Arbeitsschritt vorgesetzt wird, sondern indem sie selbst mitentscheiden dürfen, wo es hingehen soll und was dafür zu machen ist.

Um sich in diesem Prozess durchsetzen zu können, muss die Führungskraft weiterhin sehr überzeugend sein.

Der Leadership-Style hingegen muss von der Situation abhängen. In Notfällen oder in Stresssituationen beispielsweise muss der Direktive Style angewendet werden, um allen Mitarbeitern klare Anweisungen zu geben, was sie tun müssen.

Wenn beispielsweise eine Aufgabe erledigt werden muss, die keiner wirklich erledigen will, sollte in diesem Fall eher der Pacesetting Style angewendet werden. Die Führungskraft geht hierbei mit gutem Beispiel voran und zieht so andere Mitarbeiter mit sich.

Hingegen ist im Bereich des Personalmanagements hinsichtlich der Frage, welche Bewerber angenommen werden sollten, der Partizipative Style geeignet, um den Mitarbeitern die Teilhabe an der Entscheidungsfindung zu ermöglichen.

In Teambesprechungen oder an ruhigen Tagen mit kaum Betrieb sollte unter anderem an der internen Betriebsharmonie gefeilt werden, weshalb der Affiliative Style hier Verwendung findet.

Im Großen und Ganzen sollte der Leader auch visionär sein, um die Arbeiter für die gemeinsame Sache zu begeistern und sie mitzureißen.

Doch auch die Förderung der Mitarbeiter darf hierbei nicht außen vor gelassen werden, da sich das Bedürfnis nach Selbstverwirklichung stark auf die Motivation der Mitarbeiter auswirken kann. Haben die Mitarbeiter keine Aussichten auf Selbstverwirklichung in ihrem Beruf, so werden sie unmotiviert arbeiten oder den Betrieb verlassen. Daher muss ebenso der Coachende Style vertreten sein.

Als Konsequenz muss die Führungskraft, um alle diese Aufgaben zu bewältigen, eine hohe emotionale Intelligenz aufweisen, was sich durch ein gutes Sozialbewusstsein (Empathie, Kundenorientierung, etc.) sowie Beziehungsmanagement (Inspiration, Entwicklung, Kommunikation, Umgang mit Konflikten, Teamwork, etc.) auszeichnet.

5.2 Recruiting

Zur Überprüfung der Eigenschaften der Führungskraft wird zunächst in die Stellenbeschreibung ein konkretes Anforderungsprofil mit den gewünschten Qualifikationen geschrieben. Diejenigen, die sich der Aufgabe gewachsen fühlen, die Qualifikationen erfüllen und eine Bewerbung schreiben, werden erneut nach ihren Bewerbungen eingestuft. An diesem Punkt sollten sich schon höchstens 10 Kandidaten herauskristallisieren. Hierbei sollen die wichtigsten Eigenschaften operationalisiert und per Ranking die besten Bewerbungen herausgefiltert werden. Im Anschluss erhalten die Bewerber einen gezielten Fragebogen, um die in Frage kommende Personengruppe noch weiter einzugrenzen. Auch bei den Fragebögen wird ein Ranking erstellt und von den 10 Bewerbern die besten 5 abgeschöpft.

Doch rein über Bewerbungen und Fragebögen ist es sehr schwer, die Bewerber wirklich einzuschätzen, da diese zu Hause beim Ausfüllen genug Zeit und wenig Stress haben, um sich ihre Antworten gut zu überlegen und evtl. sogar zu lügen.

Aus diesem Grund ist der nächste Schritt ein Bewerbungsgespräch. Hier zeigt sich, ob die Bewerber auch unter Druck funktionieren und die Angaben zur Person in dem Fragebogen und der Bewerbung zutreffend sind.

Auch hier werden die Bewerber untereinander verglichen und die zwei von ihnen, welche den besten Eindruck gemacht haben, zu einer Probearbeitswoche eingeladen.

Die beiden Bewerber werden zeitlich getrennt voneinander eine Woche im Betrieb verbringen, um ihre Qualitäten im Arbeitsalltag sicherzustellen, denn nur so kann wirklich beurteilt werden, ob der Bewerber der Richtige für den Job ist.

Zu guter Letzt muss nur noch der geeignetere unter beiden Kandidaten ausgewählt werden.

6   Literaturverzeichnis

Dahm, J. B., Gatermann, J., 2001. Stärken / Schwächen und Chancen / Risiko – Analyse (SWOT-Analyse) einer Gemeinschaftspraxis. Zugriff am 07.04.18 Verfügbar unter http://www.dgl-medizinberatung.de/html/literatur_presse/pdf/swot_analyse.pdf

Deutscher Berufsverband der Hals-Nasen-Ohrenärzte e.V., o.J.. HNO-Praxis Dr. med. Martin Hesse, Erfurt. Zugriff am 06.04.18, Verfügbar unter https://www.hno-aerzte-im-netz.de/aerzte/erfurt/erfurt_hesse/impressum.html

Dr. Weisenflog, Dr. Krause. HNO-Gemeinschaftspraxis, o.J.. Zugriff am: 26.03.18 Verfügbar unter: http://www.hno-erfurt.de

Erfurt – Landeshauptstadt Thüringen – Stadtverwaltung, 2012a. Erfurter Statistik. Halbjahres-bericht 1/2012. Zugriff am 16.03.18 Verfügbar unter http://www.erfurt.de/mam/ef/service/me-diathek/publikationen/2012/halbjahresbericht_2012_1.pdf

Erfurt – Landeshauptstadt Thüringen – Stadtverwaltung, 2012b. Erfurter Statistik. Halbjahres-bericht 2/2012. Zugriff am 16.03.18 Verfügbar unter http://www.erfurt.de/mam/ef/service/me-diathek/publikationen/2012/halbjahresbericht_2012_2.pdf

Google, 2018a. Kartendaten - Ärzte. Zugriff am 16.03.18 Verfügbar unter https://www.google.de/search?client=safari&rls=en&dcr=0&q=erfurt+alt-stadt+%C3%A4rzte&npsic=0&rflfq=1&rlha=0&rllag=50977121,11027832,573&tbm=lcl&ve d=0ahUKEwitoLHL-PDZAhWELlAKHT-NOBEIQtgMIMA&tbs=lrf:!2m1!1e2!2m1!1e3!3sIAE,lf:1,lf_ui:2&rldoc=1#rlfi=hd:;si:;mv:!1 m3!1d2760.9162280489186!2d11.021155558166583!3d50.97359126191981!3m2!1i1260!2i8 44!4f13.1

Googe, 2018b. Kartendaten - Schulen Zugriff am 16.03.18 Verfügbar unter https://www.google.de/search?client=safari&rls=en&dcr=0&tbm=lcl&ei=t8WrWs-YOM_dwAKTj6PAAg&q=erfurt+altstadt+schulen&oq=erfurt+altstadt+schulen&gs_l=psy-ab.3..0i22i30k1.133027.133725.0.133865.7.7.0.0.0.0.268.1065.0j1j4.5.0....0...1c.1.64.psy-

ab..2.5.1063....0.UCfFRK-

hlfEc#rlfi=hd:;si:;mv:!1m3!1d5521.589694395816!2d11.024727497052027!3d50.975632961

183315!3m2!1i1260!2i844!4f13.1

Google, 2018c. Kartendaten – Apotheken Erfurt Zugriff am 04.04.18 Verfügbar unter https://www.google.de/maps/search/apotheken+er-furt/@50.9769279,11.0170635,14.48z?dcr=0

Google, 2018d. Kartendaten – HNO-Arztpraxen Erfurt Zugriff am 04.04.18 Verfügbar unter https://www.google.de/maps/search/hno+arztprais+erfurt/@50.9735603,11.0273871,14.56z

Google, 2018e. Kartendaten – Privatpraxen Erfurt Zugriff am 04.04.18 Verfügbar unter https://www.google.de/maps/search/privatpraxis+erfurt/@50.9740919,11.0280466,14.99z

Google, 2018f. Kartendaten – praxis für Prävention Erfurt. Zugriff am 14.04.18, Verfügbar unter https://www.google.de/maps/place/Beratungspraxis+für+psychologische+Beratung+und+Praeven-tion/@50.9802271,11.0230349,14.73z/data=!4m5!3m4!1s0x47a472be420b249f:0xb4ca0b59d 640d370!8m2!3d50.975715!4d11.033536?dcr=0

IHK, 2018. Blue Ocean-Strategie. Zugriff am 14.04.18, Verfügbar unter https://www.ihk-bonn.de/nc/branchena-zservicesregion/die-wirtschaft/die-wirtschaft/die-wirtschaft-einzelan-sicht/article/blue-ocean-strategie.html

Kassenärztliche Bundesvereinigung 2018. IT in der Aztpraxis. Zugriff am 04.04.18 Verfügbar unter: ftp://ftp.kbv.de/ita-update/Service-Informationen/Zulassungsverzeich-nisse/KBV_ITA_SIEX_Verzeichnis_Zert_Software.pdf

Krankenkassenzentrale. Reformkonzept der deutschen Bürgerversicherung. Zugriff am 07.04.18 Verfügbar unter: https://www.krankenkassenzentrale.de/wiki/buergerversicherung#

Landeshauptstadt Erfurt, 2017. Bevölkerung in Stadtteilen. Zugriff am 16.03.18 Verfügbar un-ter http://www.erfurt.de/ef/de/rathaus/daten/bevoelkerung/stadtteile/index.html

7   Tabellenverzeichnis

8   Anhang

8.1   Anhang 1: Anteil sozialversicherungspflichtig Beschäftigte (Erfurter Stadtverwaltung, 2012a)

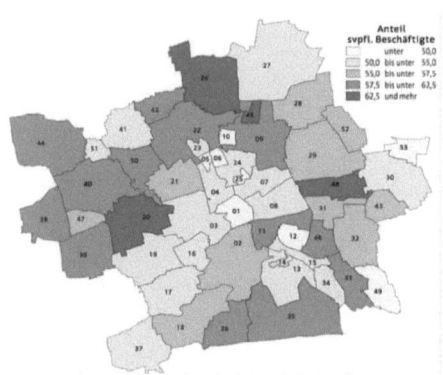

8.2   Anhang 2: Arbeitslose nach Siedlungsstrukturtypen (Erfurter Stadtverwaltung, 2012a)

20

8.3 Anhang 3: Siedlungsstrukturtypen Erfurt (Erfurter Stadtverwaltung, 2012b)

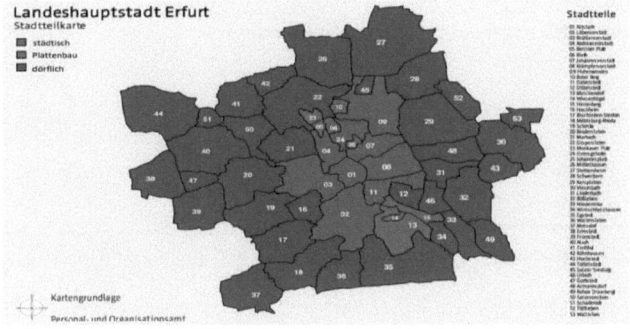

8.4 Anhang 4: Standort mit Mitbewerbern (Openstreetmap 2019)

Anmerkung: die Abbildung wurde aus redaktionellen Gründen ersetzt

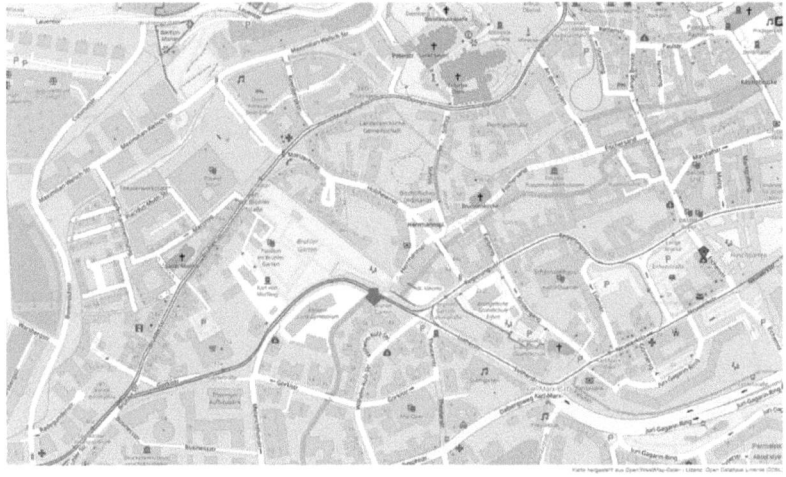

8.5 Anhang 5: Standort mit Bildungseinrichtungen (Openstreetmap 2019b)

Anmerkung: die Abbildung wurde aus redaktionellen Gründen ersetzt

8.6 Anhang 6: Apotheken in Erfurt (Openstreetmap, 2019c)

Anmerkung: die Abbildung wurde aus redaktionellen Gründen ersetzt

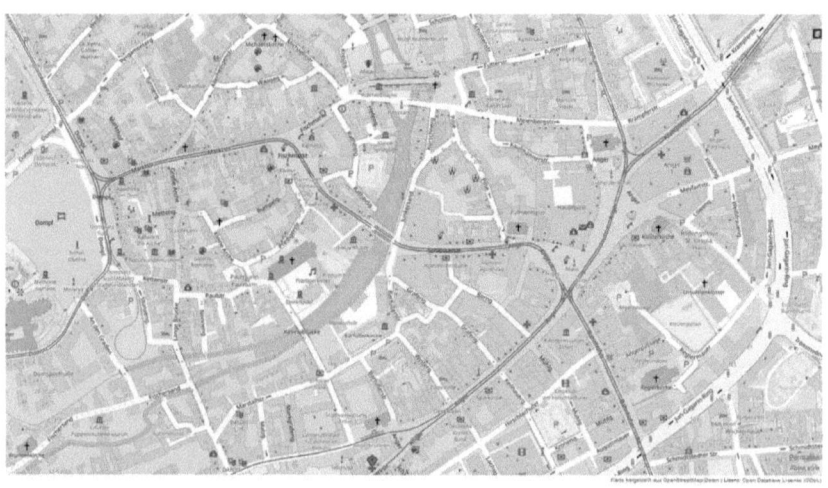

8.7 Anhang 7: HNO-Ärzte in Erfurt (Google, 2018d)

Anmerkung: Die Abbildung wurde aus redaktionellen Gründen entfernt

8.8 Anhang 8: Privatpraxen in Erfurt (Google, 2018e)

Anmerkung: Die Abbildung wurde aus redaktionellen Gründen entfernt